Autor

Sascha Boenisch

TWO BOYS AND THE WHITE ONE

The white Rock in the nose

Bitte Besucht mein Blog unter

www. bad-rock-blog.jimdofree.com

Wir müssen lernen, entweder als Brüder miteinander zu leben oder als Narren unterzugehen.

von

(Martin Luther King)

Autor

Sascha Boenisch

TWO BOYS AND THE WHITE ONE

The white Rock in the nose

© Jahreszahl 2020 – Sascha Boenisch /Rechteinhabers

Verlag & Herstellung: BoD- Books on Demand

In de Tarpen 42 22848 Norderstedt

ISBN: 9783751969932

Bibliografische Information der Deutschen Nationalbibliothek:

Die Deutsche Nationalbibliothek verzeichnet diese Publikation in der Deutschen Nationalbibliografie; detaillierte bibliografische Daten sind im Internet über http://dnb.d-nb.de abrufbar.

MIX
Papier aus verantwortungsvollen Quellen
Paper from responsible sources
FSC® C105338

Sascha Boenisch

VORWORT

Diese dramatische und biografische Sachliteratur beruht auf wahren Begebenheiten und schildert die Erfahrung und Erlebnisse von Sascha mit dem jungen Mann Klim Malaschin.

Dieses Buch erzählt, wie aus brüderlicher Freundschaft eine kurze gleichgeschlechtige Liebesbeziehung wurde und wie Drogen Klim zu einem Charakterlichen, lügenden & egoistischen Menschen machte.

Die wahrheitsgetreuen Erzählungen in diesem Buch sollen den Menschen die Augen öffnen und ihnen zeige, wie Drogen einen geliebten Menschen charakterlich verändern können. Sie erzählen von der Geschichte von Klim und Sascha und wie Klim eiskalt und berechnend aus einem großherzigen und naiven Menschen, der zudem behindert ist, eine Marionette machte, der alles finanzierte und Klim in allem unterstütze, aber schließlich eiskalt von ihm fallen gelassen wurde.

Dieses Buch erzählt außerdem, wie Klim es eiskalt in Kauf nahm, dass Sascha Weihnachten 2019 fast ums Leben karm, da Klim in seinem Umfeld durch Intrigen und Lügen Sascha mundtot machen wollte.

Damit Klims Familie und Freunde nicht die Wahrheit erfuhren, wie Klim aus egoistischer Berechnung mit dem behinderten jungen Mann umgegangen ist, der bei seiner Familie und seinen Freunden aufgrund seiner offenen, herzlichen und loyalen Art hoch angesehen war, versuchte er ihn mundtot zu machen. Keiner sollte wissen, wie Klim wirklich ist und wie die Drogen Klim dazu verleiteten, Sascha seelisch sowie finanziell zu ruinieren und ihn oberflächlich zu behandeln.

Doch dies reichte Klim nicht aus, er verbreitete bei seiner Familie und Freunden über Sascha Lügengeschichten, damit sie nicht erfuhren, dass Klim mit Sascha, der behindert ist, eine gleichgeschlechtliche Liebesaffäre hatte.

Sascha leidet noch heute unter den seelischen Mobbingattacken, Lügen und der Nichtachtung von Klim und in Folge dessen an einer lebensbedrohlichen, schweren Depression. Dennoch hat Sascha Klim ins Herz geschlossen und ihn sehr vermisst.

Sascha will nicht wahrhaben, dass Klim so egoistische Verhaltensmuster aufgrund seiner Drogenprobleme an den Tag legt, nach allem, was für schöne Momente Klim und er miteinander erlebt haben. Er will auch nicht wahrhaben, dass Klim alles egal ist und er Sascha nicht auch vermisst und hegt immer noch die Hoffnung, dass Klim noch ein Stück menschliches Mitgefühl im Herzen hat und sich ändert und selbst darüber nachdenkt, was er durch seinen Drogenkonsum seinen Mittmenschen und seiner Familie angetan hat und welches Leid er dadurch verursacht hat.

Letztendlich belastet Sascha, dass er Klim nicht aus seiner Drogensucht herausholen konnte, weil die Drogen Klim nicht die Kraft gaben. eigenständig Hilfe zu Suchen.

Aus diesem Grund hat sich Sascha entschlossen, die kompletten Einnahmen aus diesem Buch an einen Verein für Drogentherapie-Einrichtungen zu spenden.

Ihr Autor Sascha Boenisch

THE WHITE ROCK IN THE NOSE

übersetzt:
„Der weiße Stein in der Nase"

Mein Bruder & Freund hieß Klim.

Wir lebten im Wunderland, unser Leben war die reine Überholspur.

Es hat alles super angefangen für Klim.
Die Stimmung war gut, und das Jahr 2019 und die Zeit für Klim konnten nicht besser sein. Der Alkohol war umsonst und die Drogen waren für Klim erstklassig.

Ja, man kann es nicht anders sagen, Klim's Leben neben mir als dummer, ahnungsloser Großwohltäter lief sensationell.

Doch ich musste Geld verdien.
Um eines Tages meinen Bruder Klim aus seiner realitätsfernen Welt voller Drogen zu hohlen.

Er wusste, dass ich im Grunde ein herzensguter einsamer Mensch war und nie Nein sagen konnte, dennoch schloss ich Klim wie einen Bruder, den ich nie hatte, ins Herz.

Sieh ihn an, er nimmt, was er kriegen kann.
Er fängt an zu fliegen und seine Fantasie blüht auf.

Die Realität schwindet und das, was geschehen ist, wird verdrängt.

Tatsachen werden im Rausch verdreht, verraten und Verkauf, vielleicht tut es ihm nicht gut, aber er nimmt es in Kauf. Klims Lebensmotto ist…!

**„Ein Hoch auf mich, bei mir liegt Koks auf dem Tisch
Mit einer Selbstverständlichkeit, als wäre es Brotaufstrich."**

DER JUNGE AUS DEM
STADTBEZIRK HAINHOLZ

Das Leben als Junge aus dem Stadtbezirk Hainholz Hannover-Nord. In diesem doch unscheinbaren Stadtteil wuchs die **„Steintor-Elite"** von morgen auf.

Der Junge hieß Klim, und gehörte nicht gerade zu den hübschesten Kindern von Heinholz. Die Mutter von Klim hieß Irina und war eine herzensgute, russische, hart arbeitende Frau, die täglich zur Arbeit ging, um ihrem Sohn und ihrer Tochter ein halbwegs vernünftiges Leben zu bieten.

Damit es den Kindern an nichts fehlte, steckte sie ihre Wünsche, Bedürfnisse und Träume für das Wohl ihrer Kinder zurück. Wo sich manche Mütter eine Scheibe von abschneiden könnten.

Der Vater von Klim war fast nie zu Hause, sodass sich die Oma um die Kinder kümmern musste.

Die Oma von Klim kümmerte sich jeden Tag herzlich und mit viel Liebe um den kleinen Jungen und war für die Mutter von Klim eine große Entlastung.

Sie holte Klim stets aus der Schule ab und achtete drauf, dass der Junge seine Hausaufgaben gewissenhaft und mit russischer Disziplin nachging, denn die Oma von Klim wusste, dass man nur mit einer vernünftigen Bildung in der wirklichen Realität dort draußen, in unserer bildungsorientierten Gesellschaft langfristig bestehen kann.

Wie sah Klim als Kind aus?
Nun, sagen wir es mal so, der Kleidungsstil beinhaltete ausschließlich einen Trainingsanzug mit Sportschuhen, die einer sportlichen Eleganz entsprachen, wie es nicht anders bei den Russen üblich war.

Klim hatte russisches, rotblondes Haar, dies ist darauf zurückzuführen, dass der kleine Junge wie es bei den Russen so üblich ist gerne und viel rote Beete aß. Dennoch war Klim als Schüler, wie es Fachleute und Psychologen sagen würden,

„ein auffälliges Problemkind"

Immer drängelte sich Klim in den Vordergrund und war im Klassenzimmer der Klassen-Clown. Viele seiner Mitschüler hatten auch Migrationshintergrund.

So fand der kleine Junge Klim schnell Anschluss und freundete sich mit Mitschülern aus dem gleichen Stadtbezirk Hainholz Hannover-Nord an.

Meist waren es Kinder, die noch mehr als Klim aufgrund ihres Migrationshintergrunds Auffälligkeiten zeigten.

Einmal kam Klim mit einem Toaster, Toastbrot und Butter zur Schule und sprengte den Geschichtsunterricht. Er schloss ganz hinten in der letzten Schulbankreihe den Toaster an und machte Frühstück. Die Lehrerin schaute Klim wie ein Auto an und fragte nur, was dies soll?

Klim schaute nur hoch und erwiderte ganz cool:

„Alte, stör mich nicht, meine Mitschüler haben Hunger."

Unter seinen Mitschülern brach lautes Gelächter aus.
Die Lehrerin schüttelte nur mit dem Kopf, dachte sich ihren
Teil und führte den Unterricht fort.

Klim sah die Schule als eine Art Zeitvertreibung und dachte
sich steht neuen Unfug aus, um als Klassenclown seine
Fangemeine bei Laune zu halten.

Zu Hause hatte der junge Klim auch immer neuen Schabernack in der Entertainment-Kiste parat. Wie jeder Junge in dem Alter, hatte auch Klim Flausen im Kopf.

In einer doch sehr lustigen Situation ereignete sich zu Hause Folgendes: Die Mutter von Klim, Irina, kam in das Kinderzimmer und dort auf dem Boden saß Klim mit zwei Schulfreunden. Sie sortierten gerade ihre Pokémonkarten

und spielten. Als Irina Klim aufforderte, sein Zimmer aufzuräumen, wurde Klim pampig und antwortete ganz genervt:

„Alte, siehst du nicht, dass ich gerade mit meinen Bros spiele?"

Ganz irritiert und geschockt über die Respektlosigkeit von Klim, wurde sie laut, schimpfte auf Russisch, warf die Pokémonkarten in den Müll und jagte Klim mit einem Hausschuh durch die ganze Wohnung.

„Wie redest du mit deiner Mutter?", schimpfte sie mit Klim. Sie schickte seine Schulfreunde nach Hause und erteilte Klim Hausarrest. Klim ging ganz geschockt und stillschweigend in sein Kinderzimmer, schloss die Tür hinter sich zu und schmollte. Klar testet jedes Kind bei seinen Eltern, wie weit es gehen kann, das ist der Lauf der kindlichen Entwicklungsphase.

Ca. fünf Minuten später kam Klims Schwester ins Kinderzimmer lachte und sagte:

„Tja, bei mir macht sie sowas nicht, ich bin eben ihr Liebling."

Sie Schloss gehässig mit einem breiten Grinsen die Kinderzimmertür von Klim.

Ein paar Tage später kam Klims Schwester mit Hörspiel-Kassetten aus der Stadtbibliothek. Sie schloss die Wohnungstür auf, ging den Gang entlang in ihr Zimmer und schloss hinter sich knallend die Tür zu. In Euphorie über die neuen Kassetten merkte sie nicht, dass sie doch mit etwas viel Kraft die Tür zu knallte.

Im Wohnzimmer saß Mama Irina und war kurz aufgeschrocken über den plötzlichen Knall.

Dann ging das Spektakel im russischen Hause in Hainholz los, Irina war stink sauer und ging zum Kinderzimmer.
Sie riss die Tür auf und sagte auf Russisch:

„Sag mal Fräulein, spinnst du? Was knallst du die Tür so?", und fluchte noch dazu auf Russisch.

Klims Schwester war ganz in ihre Kassetten vertieft, sodass sie im ersten Moment das Gemecker ihrer Mutter nicht wahrnahm.

Gegenüber lag das Kinderzimmer von Klim. Er horchte auf und sah seine Chance, sich bei seiner Schwester zu rächen.

Er machte seine Kinderzimmertür auf und schaute wie ein Schaulustiger dem Spektakel zu. Mit einer Schulter lehnte er sich an den Türrahmen, die Beine über Kreuz und die Arme wie ein schmollendes Kind übereinander. Dazu ein breites Lächeln auf den zarten, zierlichen Mundwinkeln.

Klims Schwester blickte auf, sah ihren Bruder im Hintergrund und dachte sich, ganz gehässig auch mal zu wagen, frech zu Irina zu werden, da sie fest davon ausging, dass Irina nie so mit ihr schimpfen würde, wie ständig mit Klim schimpft.

Schlaues Mädchen, aber nicht ganz durchdacht. Denn eine Mutter, die ihre Kinder beide gleich liebt wie Irina, macht da keine Unterschiede.

Sie blickte hoch zu Irina und antwortete ganz plump und genervt.

„Mama, halt den Mund und verpiesel dich aus meinem Zimmer, ich bin beschäftigt."

Irina war ganz geschockt und man sah ihr an, dass gleich das Entertainment auf höchstem, russischem Niveau losging. Ganz außer sich fing Irina an zu schimpfen.

Sie schnappte sich die Bibliotheks-Kassetten und warf sie hinter ihr her. Durch das ganze Zimmer flogen Kassetten und dabei fluchte und schimpfte Irina auf Russisch.

Klims Schwester erwiderte nur:
„Mama, das war Bibliothekseigentum", und schrie herum.

Irina verließ das Zimmer und Klims Schwerster sah Klim an. Der lachte nur siegessicher und vor Glück über seine Schwerster. Denn das Karma übte in Klims Namen Gerechtigkeit aus.

Die Tür ging zu und im Hause kehrten Ruhe und Gerechtigkeit an beiden Fronten ein.

Es dauerte nicht lange, da fiel Klim neuer Unfug ein, mit dem er seine Mutter auf Trapp hielt. Prompt handelte Klim sich erneut einen ganz privaten Aufenthalt in seinem Kinderzimmer per Hausarrest ein. Der Junge hat das Händchen und die Gabe dazu, sich stets in bremsliche Situationen herein zu schleudern, die Klim stehts Hausarrest einbrachten.

Es gibt Situationen, in denen der Stubenarrest oder Hausarrest als möglicherweise sinnvoll anzusehen sind. Nämlich dann, wenn es sich um eine Bestrafung des Kindes handelt.

Schließlich sollen – und müssen – Kinder ihre eigenen Erfahrungen sammeln, auch die negativen. Denn dadurch „wachsen" die Kinder, stärken ihre Persönlichkeit, das Selbstbewusstsein und das Selbstvertrauen.

Wenn Kinder nicht hören wollen & Hausarrest bekommen. ☺

Denn gar keine Frage: Mütter sind die tollsten Wesen, die unser Planet zu bieten hat. Aber manchmal neigen sie zu einzigartigen Aussagen.

> Mama: Geh doch raus und spiel mit deinen Freunden, hm?
> Kind: Mama, würdest du mit einem Kind spielen, das raucht, kifft und trinkt?
> Mama: Nein!
> Kind: Er auch nicht.

> Sohn : Mama ?Sohn : MAMA ?Sohn : MAAAMMMAAA ?Sohn : HureMutter : Hausarrest eine WocheSohn : HÖRST DU MIR MAL ZUSohn : MUUUUUUUMMMMMMMSohn : schlampeMutter : HAUSARREST 2 WOCHENSohn : Aber MumSohn : MUUUUUMSohn : Ach verdammt –.–Mutte…

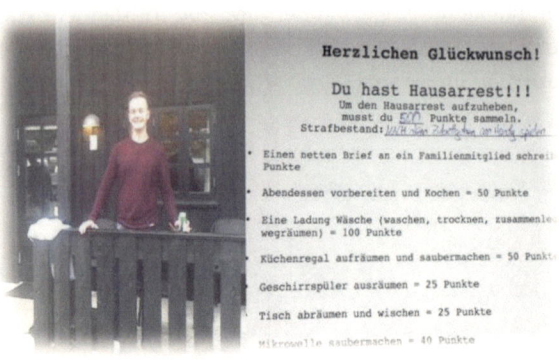

Herzlichen Glückwunsch!

Du hast Hausarrest!!!
Um den Hausarrest aufzuheben,
musst du 50 Punkte sammeln.
Strafbestand: _____

- Einen netten Brief an ein Familienmitglied schreib__
  Punkte
- Abendessen vorbereiten und Kochen = 50 Punkte
- Eine Ladung Wäsche (waschen, trocknen, zusammenle__
  wegräumen) = 100 Punkte
- Küchenregal aufräumen und saubermachen = 50 Punkt__
- Geschirrspüler ausräumen = 25 Punkte
- Tisch abräumen und wischen = 25 Punkte
- Mikrowelle saubermachen = 40 Punkte

Liebe Mutter,

du wirst sauer auf mich, weil ich mich nicht erziehen lassen möchte, sondern eigene Erfahrungen machen möchte. Dann wirst du Sauer, weil ich zu schnell erwachsen werde. Hiermit kündige ich den Hausarrest.

Mit freundlichen Grüßen

Dein dich liebender Sohn ☺

Hausarrest sah Klim nie als Bestrafung an, sondern machte, wenn alle Familienmitglieder außer Haus waren das Beste draus. Mit einem iranischen Nachbarsjungen mit Migrationshintergrund traf er sich öfter und machte Hainholz unsicher. Es wurde RedBull Energie Drink geklaut und beide fühlten sich wie die Könige von Hainholz

Klim erkannte schon früh ungeahnte Wurzeln, er war Russe, benahm sich aber wie ein Pole. Der junge Klim schaute viel zu viele Mafia-Filme, denn er glaubte, er könnte es genauso gut wie die Steintor Gangster von Morgen.

Es gab außerdem zwei andere Geschwisterkinder mit einem griechischen Migrationshintergrund.
Sie waren mit Klim in einer Klasse. Kilm erkannte sofort die Gelegenheit, als Pate seine Fähigkeiten zu verfeinern.

Klim schickte beide Jungs zum Klauen in den Supermarkt.
Als die beiden erwischt wurden, war Klim schnell nach Hause gelaufen und ließ die beiden eiskalt hängen.

Ab diesem Zeitpunkt war seine doch junge Möchtegern-Gangster-Karriere beendet. Entweder hat man das Zeug dazu, oder nicht. Klim hatte nicht das Zeug dazu, er war nicht schlau genug. Disziplin und Ehrgeiz konnte man bei Klim mit Migrationshintergrund nicht ansatzweise erwarten.

Nicht alle kommen klug zur Welt, schreiben Geschichte und verändern die Welt.

Dazu passend fällt mir für Klim folgende Weisheit ein:
Mit dummen Menschen zu streiten, ist wie mit einer Taube Schach zu spielen. Egal wie gut du Schach spielst, die Taube wird alle Figuren umwerfen, auf das Brett kacken und auf dem Brett herumstolzieren, als hätte sie gewonnen.

Letztendlich entwickelte Klim schon früh eiskalte, gefühllose und egoistische Charakterzüge. Wo Gott anderen ein Gewissen, ein Maß von Mitgefühl und Herzensgüte im Herzen hinterlassen hat, ist bei Klim leider Eiszeit und kühlende Leere.

DER BEHINDERTE JUNGE AUS DEM GUTEN ELTERNHAUS

Auf der anderen Seite von Hannover, wo die Gebildeten und Studierten, die Elite von Deutschland mit Haus, Garten und Haustieren lebten, weit weg von dem Ghetto des Stadtbezirks Hainholz Hannover-Nord,

wo die Steintor-Elite von morgen zwischen Migranten & Gastarbeitern lebte,

kam 1988 um 11:15 ein Sascha zur Welt, dem nach der Geburt eine große Last & Aufgabe auferlegt wurde.

Die Mutter, erst 16 Jahre alt und vom Leben geprägt, konnte den Alltag, auch während der Schwangerschaft und der Geburt, nur mit Drogen & Alkohol meistern.

Schnell wurde klar, dass dieses besondere Kind nicht bei der leiblichen Mutter aufwachsen konnte.

So kam es, dass der kleine Junge mit den braunen Augen eine Familie brauchte, die gefestigt mitten im Leben stand.

Und in der Lage war, sich um ein Kind zu kümmern.

Der Junge kam mit einer Behinderung zur Welt und hatte durch seine Beeinträchtigung ein großes Herz & sozialen Gerechtigkeitssinn mit auf die Erde gebracht.

Dass dieser Junge es einst nicht einfach haben würde in der von Leistung geprägten Gesellschaft,

das war klar, doch der Junge hatte Kampfgeist in seinen Adern. Trotz der Steine, die ihm täglich in den Weg gelegt wurden, gab er nicht auf und erkämpfte sich jeden Tag ein Stück Anerkennung, Liebe und Zuneigung.

Sieben Monate nach der Geburt des kleinen außergewöhnlichen Wesens hatte das Jugendamt eine Pflegefamilie gefunden.

Die Familie war vermögend und hatten drei eigene Kinder und ein weiteres Pflegekind, aus Thailand.

Das Haus lag in Garbsen, und der Junge hatte dort eine schöne Kindheit. Das außergewöhnliche Kind wurde in der Pflegefamilie gut aufgenommen und wie das eigene behandelt.

Das Familienhaus, das im Jahre 2016 verkauft wurde sah so aus.

In diesem Hause wuchs der Junge auf. Oben links war das Kinderzimmer. In dem Garten tobte & spielte er.

Der Junge brauchte jedoch viel Aufmerksamkeit und hielt die Pflegefamilie mit seinem lebhaften Wesen auf Trab.

In ganz Garbsen war der Junge als Wirbelwind bekannt.
Er stellte öfter, wie Michel aus Lönneberga, Streiche an.

Doch schon früh merkten die Leute, wie süß & herzlich Sascha war. Stets war er für andere da und steckte öfter aus reinem Herzen & Nächstenliebe seine eigenen Träume & Wünsche zurück.

Das war, was Gott ihm in die Wiege gelegt hatte. Dennoch musste man auf ihn aufpassen, da er sehr naiv und leichtgläubig und manipulierbar war.

Es gab viele, die Saschas Großzügigkeit ausnutzten. Im Grunde war Sascha im Herzen wie Mutter Teresa, und die Leute kamen, wenn Sie etwas wollten, & gingen, wenn Sie ihn nicht mehr brauchten.

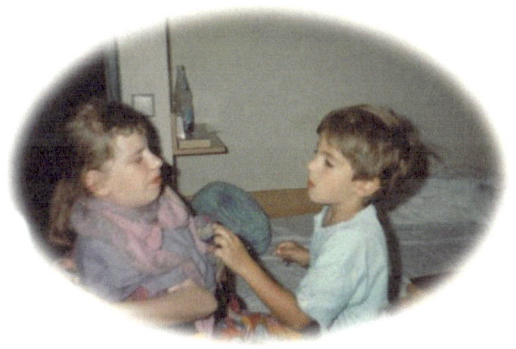

Früh erkannte Sascha seine Aufgabe auf Erden, doch dies bedeutete auch viel Einsamkeit. Denn aufgrund seines lebhaften Wesens und seiner Offenheit kamen viele Menschen nicht mit ihm klar.

Sie beurteilten ihn nach seinem Äußeren und sahen nicht seine große Intelligenz. So unterschätzten viele den Jungen.

Sascha war es aber egal, denn so konnte der Junge unter dem Radar leben & sich entwickeln.

Denn jeder ist selbst verantwortlich für die dumme Intoleranz. Sascha versuchte stets, die Werte der Nächstenliebe, der Barmherzigkeit und des Mitgefühls zu vermitteln.

Doch viele waren nicht in der Lage, dies zu erkennen, weil sie selbst mit ihren Alltagsproblemen überfordert waren.

Komischerweise löste der Junge bei vielen Welpen ein Schutzbedürfnis aus, auch bei denen, die nach außen hin stark und gefährlich waren. Sascha war das egal, er ging auf alle zu und verwickelte sie in ein Gespräch. Oft musste man über ihn lachen, doch stets war er der gute Junge und Freund, auf den sich alle verlassen konnten, wenn sie Hilfe brauchten. Sascha war immer für alle da und sah das als Selbstverständlichkeit an.

Ein Mensch konnte Sascha noch so mies & undankbar behandeln, Saschas Herz verzieh alles.

Denn irgendwo tief im Herzen hat auch ein schlechter Mensch noch einen Funken Gewissen und Menschlichkeit, die als Starthilfe zur Einsicht und Verhaltensänderung dienen.

Sascha erkannte, dass das Leben viel zu kurz war, um sich mit Nachtragen und Streit zu beschäftigen.

Es ist keine Schande & Schwäche, einmal über seinen Schatten zu springen und Streitereien zu beenden.

Nachtragend zu sein kann sich nur der erlauben, der ohne Fehler ist. Da jeder Mensch aus Fehlern besteht, nehmen sich viele heraus, nachtragend zu sein, obwohl sie es sich im Grunde nicht leisten können.

Wenn ich nicht für mich selbst bin, wer wird dann für mich sein? Und wenn ich allein für mich bin, was bin ich dann?

Das schönste Denkmal, das ein Mensch bekommen kann, steht in den Herzen der Mitmenschen.

Viele Leute glauben, wenn sie einen Fehler erst eingestanden haben, brauchen sie ihn nicht mehr abzulegen.

Das Übel ist nicht, ein paar Feinde zu hassen, sondern unsere Nächsten nicht genug zu lieben.

Sehr traurig ist es, bemerken zu müssen, wie der Egoismus uns allenthalben nachschleicht und uns oft da am nächsten ist, wo wir ihn am fernsten von uns glauben.

Es ist nicht wichtig, ob der Mensch vom Affen abstammt; viel wichtiger ist, dass er nicht wieder dorthin zurückkehrt.

Ich bin noch nicht da, wo ich sein sollte. Doch Gott sei Dank bin ich auch nicht mehr dort, wo ich mal war. Ich bin auf dem Weg, jeden Tag geht's weiter.

Der Schwache kann nicht verzeihen. Verzeihen ist eine Eigenschaft des Starken.

Man kommt in der Freundschaft nicht weit, wenn man nicht bereit ist, kleine Fehler zu verzeihen.

Wenn man liebt, sucht man die Schuld bei sich, nicht beim anderen.

Die Strafe des Lügners ist nicht, dass ihm niemand mehr glaubt, sondern dass er selbst niemandem mehr glauben kann.

Wer seinen Nächsten verurteilt, der kann irren. Wer ihm verzeiht, der irrt nie.

Vielleicht muss man die Liebe gefühlt haben, um die Freundschaft richtig zu erkennen.
Eine Wahrheit kann erst wirken, wenn der Empfänger reif für sie ist.

Die Menschen glauben viel leichter eine Lüge, die sie schon hundertmal gehört haben, als eine Wahrheit, die ihnen völlig neu ist.

Glatte Worte und schmeichelnde Mienen vereinen sich selten mit einem anständigen Charakter.

Der Charakter offenbart sich nicht in großen Taten;
an Kleinigkeiten zeigt sich die Natur des Menschen.
Persönlichkeiten werden nicht durch schöne Reden geformt, sondern durch Arbeit und eigene Leistung.

Für seine Handlungen sich allein verantwortlich zu fühlen und allein ihre Folgen, auch die schwersten, zu tragen, das macht die Persönlichkeit aus.

Sei eine erstklassige Ausgabe deiner selbst, keine zweitklassige von jemand anderem.

Wer sein eigenes Leben und das seiner Mitmenschen als sinnlos empfindet, der ist nicht nur unglücklich, sondern kaum lebensfähig.

Einsamkeit und das Gefühl, unerwünscht zu sein, ist die schlimmste Armut.

Es ist erstaunlich, wie sehr man ein Buch als Freund empfindet - wie man ihm alles sagen und klagen kann, wie man über seine Blätter die Tränen weinen kann, die man vor den anderen, besonders vor einem geliebten Kranken, verbergen muss.

Nun wieder zu dem Jungen Sascha.

Die Pflegemutter war staatliche Lehrerin an einer Gesamtschule für verhaltensauffällige Kinder. An dieser Schule erhielten Schüler, die von Gymnasium & Realschule kamen, eine zweite Chance.

Der Bruder der Pflegemutter war internationaler Wirtschaftsmanager & Prüfer und arbeitete für den Weltkonzern KPMG, seine Frau war Rechtsanwältin; auch diese beiden verdienten nicht schlecht.

Der zweite Bruder war Journalist und arbeitete bei der Bild-Zeitung in Hannover.

Die treibende Kraft waren die Eltern und die Großeltern. Robert & Erika ☺.

Der Pflegevater war Unternehmer in der Straßenbaubranche. Besser konnte es der Junge in dieser Pflegefamilie nicht treffen.

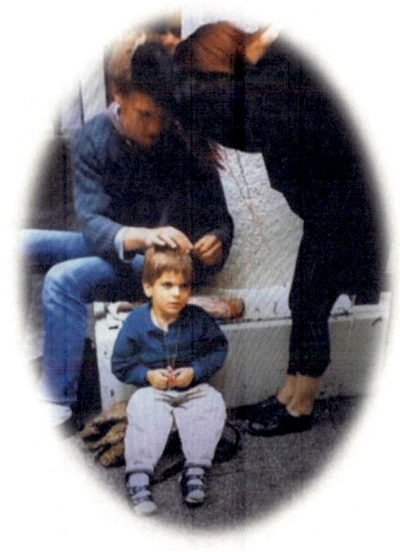

Mein Vater pflegte zu sagen: Sprich nicht lauter, argumentiere weiser. Es gibt nichts Schöneres als geliebt zu werden, geliebt um seiner selbst willen oder vielmehr trotz seiner selbst.

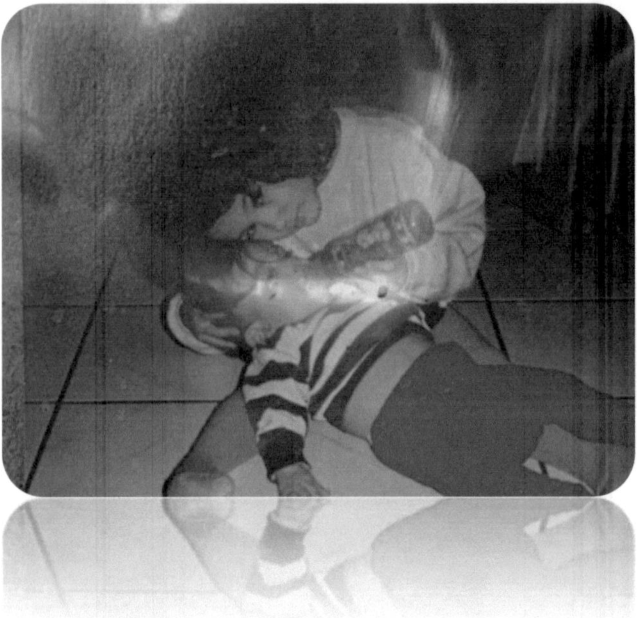

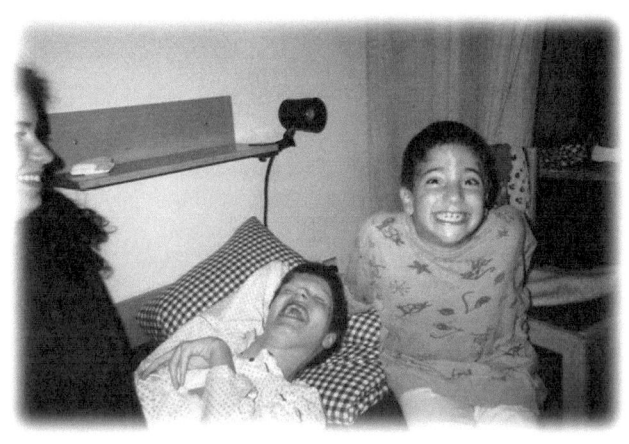

Die Empfindung des Einsamseins ist schmerzlich, wenn sie uns im Gewühl der Welt, unerträglich jedoch, wenn sie uns im Schoße unserer Familie überfällt.

Glück ist das einzige, was wir anderen geben können, ohne es selbst zu haben

Mit den Kindern muss man zart und freundlich verkehren. Das Familienleben ist das beste Band. Kinder sind unsere besten Richter

Die Familie ist die Keimzelle des Lebens, aus ihr kommt unser Sein. Unser stärkster Anker im Leben ist die Familie.

Eine Familie ist wie ein Baum verwurzelt mit vielen Ästen Blättern und Blüten. Bei guter Pflege erhält man als Dank eine reiche Ernte

Einst war in einem fernen Königreich eine Krankheit
ausgebrochen, an der alle zu sterben drohten. Der Zufall fügte
es, daß just zu dieser Zeit ein weitgereister Arzt zum Palast
kam, der eine kleine Flasche Medizin mit sich trug, gerade
genug, um eine einzige Person vor der Seuche zu bewahren.
Die Wachen führten ihn vor den König. Der König ließ die
Weisen seines Landes zusammenrufen und fragte sie, ob er
das Wasser des Lebens zu sich nehmen solle. Und die Weisen
antworteten: 'Aber ja, großer König, wenn du das Wasser des
Lebens nicht trinkst, mußt du sterben. Darum trink es, und so
bleibt der Edelste von uns am Leben!' Nachdenklich fragte der
König: 'Sind eigentlich alle Weisen aus meinem Land heute
hier?' Und siehe, es stellte sich heraus, daß einer fehlte, der im
äußersten Winkel des Königreichs lebte. Da befahl der König,
auch diesen herbeizuholen. Das dauerte viele Wochen. Als der
Alte schließlich vor dem Thron kniete, richtete der König die

gleiche Frage an ihn. Der Weise überlegte lange und fragte dann: 'Wirst du, großer König, das Wasser des Lebens alleine trinken, oder werden auch andere davon trinken?' 'Es ist nur ein Fläschchen da,' entgegnete der König, 'und das reicht gerade für eine Person.' 'Edler König, in diesem Fall rate ich dir, den Becher nicht zu leeren. Denn siehe, wenn einer allein überlebt, ohne Freunde, Familie, sein Volk, dann fehlt ihm alles, dann ist er lebendig tot.'

Endlich Frieden in der Familie

Mit jedem Geschwisterchen steigt der Trubelfaktor in einer Familie exponentiell. Warum? Aus Sicht der Evolution sind Geschwister Rivalen, die um Nahrung und Sicherheit konkurrieren. »Ich will zuerst Apfelsaft! Nein, das ist mein Platz! Ich will vorne sitzen!«

Oh wie schön.... ☺
Oh wie schön sind doch die Worte aus dem kleinen Kindermund wie klingen schön doch diese Sätze
wenn sie gesprochen kunterbunt wie aktiv ist dieses Kindlein singt der Oma etwas vor und zusammen singen sie ein Liedlein gemeinsam wie in einem Chor auch dem Opa zaubert's ein Lächeln in sein vom Alter gezeichnetes Gesicht und er freut sich für das Kindlein dass es heute so schön spricht.

SOMMER 2019 KLIM & SASCHA LERENEN SICH KENNEN.

Im Jahre 2019 an einem schönen sonnigen Sommertag im Mai, nach einem längeren geschäftlichen Aufenthalt in Dubai & Rom, verbunden mit einem Urlaub auf Mauritius, landete Sascha mit einem Privatjet, der einem Bekannten der Familie gehörte, am Flughafen Hannover.

Der Chauffeur wartete schon an der Landestelle, um die Koffer in den Kofferraum zu stellen. Die Tür des Privatjets öffnet sich, und ein eleganter junger Mann stieg aus und nahm in der Limousine Platz. Die Limousine fuhr Richtung Innenstadt Hannover.

Sie fuhr vor dem Hotel vor, der Chauffeur öffnete Sascha die Autotür, dieser stieg aus und betrat die Lobby des Fünf-Sterne-Hotels Kastens Luisenhof. Gleichzeitig
ging der Hotelpage seine Arbeit nach und holte die Koffer aus der Limousine.

Sascha ging zum Empfang und checkte ein. Er hatte die Kreditkarte durchgezogen und das Hotelformular ausgefüllt und unterschrieben, dann brachte ein Hotelconcierge Sascha in die teuerste & beste Suite des Hauses.
Sie nannte sich „Leibniz-Suite" und war 100.00 qm groß. Kostenpunkt pro Nacht ab 980,00 EUR. In dieser Suite hatten schon Dr. Angela Merkel, Präsident Wladimir Wladimirowitsch Putin aus Russland, US-Präsident Obama sowie der US-Schauspieler & ehemalige Gouverneur von Kalifornien Arnold Schwarzenegger gewohnt.

Und viele andere Prominente. Sascha betrat die Suite, legte sein Jackett ab und ging zur Minibar, wo er sich ein Whiskyglas nahm, Eiswürfel hineintat und diese mit dem besten Whisky des Hauses begoss.

Ganz geschafft vom Jetlag ließ er sich in einen Sessel fallen und genoss seinen Whisky.

Am Nächsten Morgen klopfte um 9:00 Uhr das Housekeeping an die Tür und rollte mit dem Frühstück in die Suite.

Sascha sah auf sein Smartphone und entdeckte eine WhatsApp-Nachricht von einem Unbekannten.

Der Unbekannte hieß Klim ☺. Er schrieb:

„Hey, hier ist Klim, ein gemeinsamer Bekannter hat gesagt, wir würden kopfmäßig zusammenpassen."

Sascha wusste, dass sich ein gewisser 27-Jähriger aus Hannover-Ahlem melden würde.

Nach einigen Telefonaten lud Klim Sascha zu sich nach Hause ein. Klim wohnte bei seiner Mutter in Ahlem, wo auch seine Schwester mit wohnte.

Sascha kam der Einladung nach. An einem sonnigen Freitagnachmittag fuhr er mit dem Taxi nach Ahlem .

Vorher besorgte er noch Blumen für Klims Mutter Irina, wie es sich für ein wohlerzogenen jungen Mann aus gutem Elternhaus gehört.

Sascha kam in die Wohnung und wurde von Klim und seiner Mutter ganz herzlich begrüßt. Sie hatten keine Unkosten gescheut, um ihre russische Gastfreundschaft unter Beweis zu stellen. Sie tischten Raclette auf.

Klim und Sascha waren einander gleich sympathisch, als würden sie sich schon ein ganzes Leben lang kennen.

In den nächsten Wochen chillten Klim & Sascha herum und genossen den Sommeranfang.

Sascha lernte auch Klims Freunde kennen. Durch Klim fand Sascha sein Selbstbewusstsein wieder, schämte sich nicht einmal mehr für seine Figur, und es war ihm egal, was andere von ihm dachten. Damit gab Klim Sascha etwas, was Psychologen vorher nicht geschafft hatten.

Sascha war öfter bei Klim zu Hause zu Besuch, und die Mutter von Klim schloss Sascha ins Herz.

Klim & Sascha waren nur unterwegs, schnell eroberte Klim Saschas Herz. Für war es Sascha selbstverständlich, immer alles zu bezahlen, damit Klim glücklich war.

Klim war der kleine Bruder, den Sascha nie hatte. Und Sascha hatte ein großes Herz. Sascha stellte seine Bedürfnisse & Wünsche für Klim zurück, da es das größte Glück für ihn war, andere glücklich zu machen.

Einmal stand Sascha auf dem Balkon des Wohnhauses von Klim und rauchte eine Zigarette. Klim besorgte etwas im Supermarkt und kam mit einem alten Schulfreund wieder.

Der Schulfreund hieß Milan. Er war sehr chaotisch und sehr anstrengend.
Er konnte einem die Energie aussaugen und war meist sehr klettenhaft. Doch im Grunde war er ein sehr einsamer junger Mann, der mit etwas Ordnung in seinem Leben etwas Gutes auf die Beine stellen könnte.

Klim zuliebe akzeptierte Sascha Milan, da er sein Freund war und als Migrant keine sorgefreie Kindheit gehabt hatte.

Konrad Adenauer hat es treffend formuliert.

„Nehmen Sie die Menschen, wie sie sind, andere gibt's nicht."

(Rechts Milan & Links Klim

Klim war seit 2018 auf Bewährung draußen und hatte noch eine Geldstrafe offen. Selbstverständlich übernahm ich dies für ihn.

Sascha wohnte noch zwei Monate lang im Hotel, und Klim und Sascha sahen sich täglich.

Am 27.5.2020 hatte Sascha das Hotelleben satt und nahm sich eine Ferienwohnung. Irgendwie ergab es sich, dass Klim mit in die Ferienwohnung einzog. Der Grund dafür war, dass Klim zu Hause ständig Stress hatte mit seiner Mutter & Schwester.

Stress war für Klim nie etwas, das er bewältigen wollte, sondern er lief davor weg.

Manchmal waren höchste Diplomatie & Feingefühl nötig, um Klim in die richtige Richtung zu lenken.

Nachdem Sascha aus dem Hotel ausgecheckt und mit Klim aus Ahlem ein paar Sachen geholt hatte, fuhren Klim & Sascha in die neue Ferienwohnung. In diesem Moment konnte Sascha nicht glücklicher sein, denn die Einsamkeit, die sein größtes Problem war, war für eine gewisse Zeit verflogen.

Auf dem Rückweg von Ahlem kauften sie noch ein. Die Ferienwohnung am Aggi Platz Hannover war für drei Wochen gemietet, da die Hauptwohnung in der List noch belegt war.

Wären Sascha auspackte und die Dachgeschosswohnung gemütlich machte, überraschte Klim Sascha mit einem leckeren Abendessen.

Klim war nicht dumm. Zwar hatte er ein Drogenproblem, war aber sehr klug und herzlich, wenn er bekam, was er wollte. Das muss leider gesagt werden ☺. Drei Sprachen beherrschte er perfekt: Englisch, Deutsch & Russisch. Für einen Migranten war dies schon sehr bemerkenswert.

Der russische Tomaten-Zwiebelsalat war eine echte Bombe.
Das war also das erste gemeinsame Abendessen von Klim und
Sascha in der Ferienwohnung.

So ließen sie den Abend ausklingen.

AHLEM - HANNOVER RAVE PARTY&
DER ERSTE NASENHÄPCHEN☺

Klim & Sascha fuhren nach Ahlem, um etwas zu unternehmen. Dabei trafen sie Milan. Sie besprachen, was an Unternehmungen möglich wäre.

In Ahlem war gerade Rave Party, und Milan, Klim & Sascha entschlossen sich, hinzugehen. Dort lernten Klim & Sascha Philipp, Nisza, Antonia & Max kennen.

Klim & Sascha saßen auf der Decke, als einer in der Gruppe Kokain herausholte. Klims Augen strahlten, als ob der Weihnachtsmann gerade käme. Man merkte, dass Klim ein Liebhaber gewisser Subtanzen war ☺.

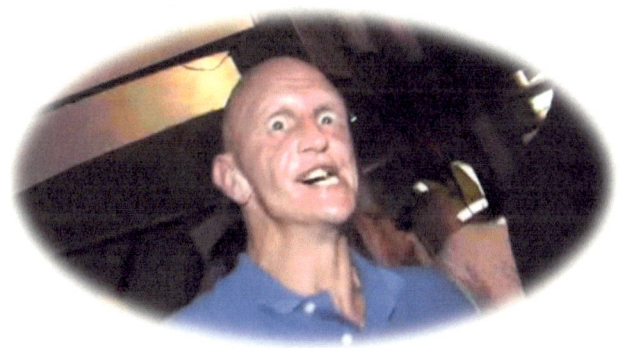

Klim Packte zu, tat etwas Schüchtern, so dass die Neuen nicht merkten, dass Klim Schmachte hatte & seine Nase Juckte. ☺

Klim bot auch Sascha etwas an, der zu diesem Dato aufgrund seiner Vorgeschichte der Leiblichen Mutter die in der Schwangerschaft getrunken & Drogen zu sich nahm.

Nach langem Zögern und weil Sascha nicht spießig rüberkommen wollte, weil er sonst Angst hatte wieder allein zu sein. Nahm Sascha auch ein Zug.

Ganz besonders freundeten wir uns mit Philipp an. So Unternahmen wir etwas zu Dritt. Milan ging sein eigenen weg. ☺

Zu Haus bei Klim war öfter Stress, weil Mutter & Schwester arbeiten gingen und Klim nur chillte und nicht im Haushalt half und den Kühlschrank leer aß. Für die Mutter war er wegen seiner Drogenprobleme eine tägliche Belastung.

Um Ruhe in das Familienleben zu bringen, finanzierte Sascha Klim ein Hotelzimmer in der Stadt.

Sascha mochte Klims Mutter sehr, und es war für ihn Ehrensache, dass er ihr half.

Ab und zu schlief Philipp auch bei Sascha, und dann wurde gemeinsam gekokst. Philipp war 19 Jahre alt und ein richtiger Draufgänger, aber auch etwas verpallt.

Manchmal ließ Klim Sascha auch für ein paar Tage alleine. Wenn Klim als Bisexueller Mädchen interessant fand, spielte er auch schnell einmal den Macho.

Macho ist ein Lehnwort aus dem Spanischen, mit dem in der deutschen sowie in anderen Sprachen ein Mann bezeichnet wird, welcher glaubt, seine Männlichkeit stets unter Beweis stellen zu müssen, und sich dabei stark an den traditionellen Bildern der männlichen Geschlechterrolle orientiert.

So war Klim mit einer 17-jährigen Transsexuellen und einem 15-Jährigen Mädchen aus gutem Elternaus, das durch ihr Drogenproblem völlig durcheinander war, tagelang unterwegs.

Wie sich später herausstellte, war Klim auch bei dem 15-jährigen Mädchen zu Hause, wo sie Flaschendrehen spielten und Klim ihr am Hintern gefummelt hatte.

Klim konnte sich aber zusammenreißen und verlor schnell das Interesse an diesem verkorksten Mädchen.

KLIMS NARZISSTISCHE PERSÖNLICHKEITSSTÖRUNG & SEIN CHARAKTER ALS BISEXSUELLER☺

Klim hatte bezüglich der Frauenwelt eine unangenehme narzisstische Persönlichkeitsstörung, welche ihn mit der Einnahme von Kokain zum Nachteil seiner Freunde zum grausamen, berechnenden Psychopathen machte.

Diese Charakterzüge und die Drogen machen Klim zu einem solchen Menschen. Der sonst scheinbare Liebe & Intelligente Klim der Herzlich und doch Menschlich auf allen zu ging.

Klim ist ein Mensch, der sich, wie es sonst bei Russischen Frauen üblich ist, bewusst Menschen aussucht, die Geld haben damit er in Luxus leben kann, ohne dafür je zu arbeiten. Einmal lernte er eine Millionärstochter kennen, mit der er ein Jahr zusammen war.

Wollte er seine Eroberungen ganz für sich haben, dann behandelte er seine Freunde, die er schon aus der Grundschule kannte - darunter auch Milan & Seimen - wie Dreck und Abschaum. Und das nur, damit ihm keiner Klim seinen Sechser im Lotto wegnehmen konnte. Schon darin kam seine schwere und komplexe Verhaltensstörung zum Ausdruck.

Wessen Klim auch im aktuellen Fall mit Madln wozu wir am Ende des Buches kommen genauso mit Sascha der Klim alles ermöglicht hatte machte und umging. ☹

Dazu Später mehr. An der Millionärstochter verlor Klim nach einem Jahr das Interesse und sagte selbst:

„Sie war verrückt und kokste den ganzen Tag, ich konnte es nicht mehr mitmachen"

Er verließ seinen Sechser im Lotto.

Da Klim immer jemanden brauchte, der ihm finanzielle Sicherheiten bieten konnte, hatte Klim Sascha, diesen großherzigen und naiven Menschen, der zudem behindert war, eiskalt und berechnend zu seiner Marionette gemacht, die alles finanzierte und Klim in allem unterstütze. Aber wie es nicht anders zu erwarten war, hatte Klim aufgrund seiner Persönlichkeitsstörung schließlich Sascha verraten, verkauft und skrupellos fallen lassen.

Für alle Leser, die sich fragen, was eine narzisstische Persönlichkeitsstörung ist:

Überheblichkeit und geringe Einfühlsamkeit sind kennzeichnend für die narzisstische Persönlichkeitsstörung. Menschliche Beziehungen einzugehen, ist unter diesen Voraussetzungen eine große

Herausforderung. Denn Narzissten sind vor allem mit sich selbst beschäftigt und kümmern sich nicht darum, was andere Menschen empfinden. Gleichzeitig sind sie schnell gekränkt.

Personen mit Narzissmus wirken zu Beginn bei Freunden sehr überzeugend. Ihre extreme Selbstüberzeugtheit wirkt auf andere Menschen anfangs anziehend. Erst nach einiger Zeit bemerkt das Umfeld, dass das Verhalten des Narzissten ausbeutenden Charakter hat. Ein Narzisst sieht den Freund nicht als ebenbürtig an, sondern fühlt sich dem anderen überlegen.

Der wohlhabende Freund ist vor allem notwendig, um den Narzissten in seiner Großartigkeit zu bestätigen und ihn zu bewundern.

Die Betroffenen ertragen es zudem kaum, von ihrem Partner gezwungenermaßen abhängig zu sein

Bei Klim, der unter einer narzisstischen Persönlichkeitsstörung leidet, verhält es sich so, dass er im Zusammenhang mit Kokain psychopathische Züge an dem Tag legt, deren er sich selbst nicht bewusst ist, die aber alle anderen wahrnehmen.

Gebet eines Narzissten

Das ist nie passiert,
Und wenn es passiert ist, war es nicht so schlimm,
Und wenn es das doch war, war es nicht meine Schuld,
Und wenn doch, meinte ich es nicht so,
Und wenn doch,
Dann bist DU Schuld!

Für mich stellen Liebe und Mitgefühl eine allgemeine, universelle Religion dar. Man braucht dafür keinen Tempel und keine Kirche, ja nicht einmal unbedingt einen Glauben, wenn man einfach nur versucht, ein menschliches Wesen zu sein mit einem warmen Herzen und einem Lächeln, das genügt.

Das Mitgefühl mit allen Geschöpfen ist es, was Menschen erst wirklich zum Menschen macht.

„Narzissmus ist eine unglückliche Liebe zu sich selbst. Man blickt in den Spiegel, und das Spiegelbild zerrinnt. Man sucht sich immer, und man trifft sich nie.“

Narzissten haben Anstand und Respekt nie gelernt!

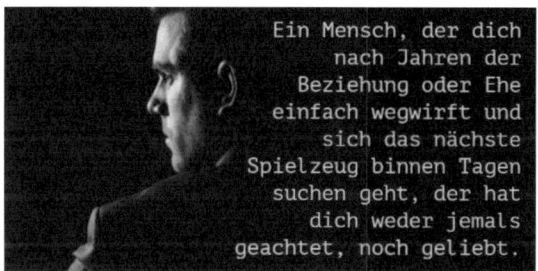

Bevor Klim 2017 ins Gefängnis musste, war seine damalige Freundin, auch eine reiche Tochter, schwanger und verließ ihn. Seitdem kümmert sich Klim selten interessehalber um seine heute vierjährige Tochter, die mit ihrer Mutter und deren neuem Lebenspartner in Hamburg wohnt.

Klims Verantwortungsbewusstsein hat durch sein Drogenproblem mit den Jahren deutlich nachgelassen.

SASCHA LERNTE EINEN EHRENMANN NAMENS SEIMEN AUS HAINHOLZ-HANNOVER KENNEN. ☺

In diesem Zuge lernte Sascha auch Seimen aus Hainholz kennen. Zu dem Zeitpunkt wusste Sascha noch nicht, dass Klim einen Hintergedanken hatte.

Klim stellte Sascha Seimen vor, mit folgendem Satz:
„Können wir Geld machen."

Seimen wusste, wie Klim war, die beiden hatten sich in der Grundschule kennen gelernt. Für alle Leser, die Klim nicht kennen: Klim hatte die Eigenschaft, gutmütige Menschen mit Geld für seine Bedürfnisse auszunutzen. In Sascha glaubte er einen Dummen gefunden zu haben, der ihm alles finanziert.

Seimen machte da aber nicht mit, da er in Sascha etwas Liebes & Herzliches sah. Klim wunderte sich, dass Sascha es schnell schaffte, mit seiner Bodenständigkeit & Herzlichkeit Seimens Herz zu erobern. Denn Seimen vertraute kaum jemandem. So ging Klims Plan nicht auf.

Sascha akzeptierte Klims Eigenschaft, weil er ein Seelenverwandter war. Warnungen aus Klims Umfeld verdrängte er und wollte sie nicht wahrhaben.

Manchmal tat Sascha Seimen leid. Und Seimens Beschützerinstinkt war bei Sascha groß.

Inzwischen waren Sascha & Klim in die neue Ferienwohnung Lister gezogen. Sie machten es sich dort gemütlich.

Oft hatten Sascha & Klim Philipp zu Besuch, und es wurde gemeinsam Kokain-Partys veranstaltet.

Im Juli wollte Sascha eigentlich mit Philipp und Niza nach Amsterdam, weil Niza gerne kiffte. Doch die beiden benahmen sich nicht demensprechend, sodass Sascha ihnen seine Großzügigkeit verwehrte.

So entschlossen Klim und Sascha, gemeinsam zu fahren.
Nur Milan durfte mitkommen. Da Sascha kurzfristig nicht konnte und Klim und Milan Streit hatten, nutze Sascha dies, um sich in einem Kurzurlaub der Freundschaft zu widmen.

Es tat den beiden sehr gut, zudem war die Reise durch Sascha bereits bezahlt.

Nach dem Urlaub freute sich Sascha wieder auf Klim, der auch gerade nach Hause kam.

Während dieses Sommers gab Sascha aus reinem Herzen insgesamt 50.000€ für Klim aus und erfüllte diesem jeden Wunsch.

Es wurden wochenlange Kokspartys gemacht und Klim und Sascha kamen sich näher.

Klim ist nicht gerade der Romantiker, als Klim und seine Mutter Streit hatten, weil er die ganze Zeit zuhause chillte und den Kühlschrank leer aß und die Mutter sauer war weil das Geld immer knapp war und Klim andauernd bei Sascha chillte und seine Mutter alleine ließ.

Sascha bewegte Klim zu einer romantischen Tat für seine geliebte Mutter.

Sascha und Klim führen nach Ahlem, um für 50€ den Kühlschrank aufzufüllen und während des Einkaufens kam Sascha auf eine Idee.

Wenn Klim seine Mutter schon überraschen wollte, wäre es doch sehr aufmerksam, einen Blumenstrauß und eine Karte mit einigen handschriftlichen Worten der Dankbarkeit zu hinterlassen.

Sascha scheute keine Kosten, um Klim und seiner Mutter diesen Moment der Dankbarkeit und Wertschätzung zu zeigen. Sie freute sich sehr, als sie an diesem Abend von der Arbeit kam. Da konnte Klim noch viel von Sascha lernen. Sascha war in diesem Moment sehr glücklich, dass er zwei Menschen Freude bringen konnte. Denn Sascha verzichtete oft für Klim und steckte persönliche Bedürfnisse und Wünsche zurück. Diese Charaktereigenschaft macht Sascha besonders.

AUS ZWEI BRÜDERLICHEN SEELENVERWANTEN WURDE EINE LIEBESBEZIEHUNG☺

Während Klim wochenlang bei Sascha wohnte, entwickelte sich zwischen den beiden eine besondere Bindung.

Es fing mit Massagen und Kuscheln auf dem Sofa an. Im Oktober kam es dann zu den ersten romantischen, sexuellen Handlungen zwischen Klim und Sascha. Es waren für beide schöne und intensive Momente der Liebe und Geborgenheit. Auch für Sascha war dies etwas besonders, da Sascha auch in gewissen Schritten depressive und einsame Phasen hatte.

Und stets den Drang zur Liebe und Anerkennung suchte.
Für Sascha war bei dies ein romantischer Akt, eine zwischenmenschliche Nähe. Sascha fühlte etwas Besonderes, als er seinen Kopf auf Klims Brust legte und den Herzschlag hörte – es war ein Gefühl von Geborgenheit, welches Sascha immer gesucht hatte.

In diesem Moment gab Klim Sascha unbewusst das Gefühl der Stärke und Führung. Diese romantischen Begegnungen übermitteln bei Sascha folgendes:

„Hey, du brauchst nicht einsam sein, ich werde auf dich aufpassen und werde dich aus dieser dunklen Dämonenzeit der Angst und Einsamkeit führen".

Es ist ein Gefühl, welches wenige nachvollziehen können, die im Leben noch nicht ihren Seelenverwandten gefunden haben.

Das, was zwischen Klim und Sascha passierte, hatte etwas Spirituelles, Übermenschliches.

Bitte Liebe Leser und Leserinnen, haben Sie Verständnis dafür, dass der Autor hier im Bereich der sexuellen Handlungen, aus Respekt Klim gegenüber, nicht ins Detail gehen kann, da dies moralisch und ethisch verwerflich wäre.

Lassen Sie sich nur eins gesagt sein: Es war für beide eine zwischenmenschliche Begegnung auf höchstem Niveau.

Auch kümmerte sich Sascha immer rührend um Klim, als er mit Fieber im Bett lag, ging Sascha extra los und holte Hühnersuppe und Medikamente, damit es Klim wieder gut ging.

Oft schätze Klim dieses Verhalten nicht und behandelte Sascha wie Dreck, trotzdem zeigte Sascha immer sein großes Herz und schaute aus Liebe darüber hinweg.

ALS MADLN UND NADINE IN KLIMS UND SASCHAS LEBEN TRATEN

Klim lernte Madln und Nadine in Hannover kennen, als die beiden Mädels Party machten.

Madln kam aus Offenbach und Nadine lebte in Hannover. Eines Abends, als Sascha auf Klim zuhause wartete, rief Klim an und fragte, ob er eine Nadine mitbringen könnte, Sascha hatte es nicht gerne, wenn Fremde zu sich nach Hause kamen.

Jedoch stimmte Sascha zu, um nicht spießig zu wirken.
Der Abend war sehr schön es wurde auf meine Kosten gekokst und Nadine redete viel.

Eine Woche später kam das wirkliche Objekt der Begierde von Klim nach Hannover. Madln, im ersten Moment eine freundliche, hübsche Frau, die jedoch eine dunkle Vergangenheit hatte.

Hätte Sascha zu diesem Zeitpunkt gewusst, was Madlns wirklicher Charakter war, hätte er sie nie in sein Leben gelassen.

Die Gruppen trafen sich ein paar Mal in der Ferienwohnung, bis es zwischen Klim und Madln ernst wurde.
Sascha musste ab diesem Zeitpunkt Klim mit Madln teilen, wären er mit Madln zusammen war, kam es zu sexuell sehr intensiven Phasen. Es ging auf die Wintertage 2019 zu.

Eine Affäre zu Dritt Klinkt wie ein Hollywood Streifen

In dieser Zeit machte Klims Verhaltensmuster eine Kehrtwende von 100 Grad. Er wurde von Tag zu Tag gegenüber Sascha respektloser und behandelte ihn undankbar, wie Dreck.

Klim hatte, wie es bei einer narzisstischen Störung üblich ist, in Madln sein nächstes wohlhabendes Opfer gefunden.

Klim fing an, sich bei Sascha zu langweilen und blieb nur noch wenig bei Sascha. Klim ging immer dann, wenn der Kühlschrank leer war und Sascha kein Geld mehr hatte, um Klim, dem Ständerat, das zu bieten, was er gewöhnt war.

Zunehmend bekam Klim psychotische Störungen und nahm eine Stimme in seinem Kopf wahr, die ihm einredete, dass Sascha ihm die Beziehung zu Madln nicht gönnen würde.

Klim wurde zum undankbaren, charakterlichen Monster und ließ Sascha eiskalt fallen. Sascha verdrängte dies und hielt dennoch zu Klim, weil die Drogen aus ihm so ein Monster machten.

Klim hatte keine Krankenversicherung und durch seine Kokserei immer Zahnprobleme. Sascha stand eine Stunde morgens um 8:00 Uhr beim Jobcenter an, weil Klim Madln versprochen hatte, zum Zahnarzt zu gehen.

Sascha holte alle Unterlagen und besorgte für Klim eine Wohnung und Wohnungsgeberbescheinigung. Damit er SGB2 beantragen konnte, um weiterhin krankenversichert zu bleiben.

Doch Klim schmiss die Unterlagen in den Müll, ihn interessierte das das Versprechen gegenüber Madln nicht.
Für jede Situation hatte Klim eine passende Ausrede oder einen Schuldigen. Klim sah keinen seiner Fehler ein und sah nicht, welche gravierenden Probleme sein Fehlverhalten bei andere bewirkten.

Sascha machte Klim mit einem 500€ Handy eine Freude – es hat nicht einmal 6 Wochen gedauert bis Klim das Handy für Drogen verkauft hatte.

Zu diesem Zeitpunkt war es kurz vor Weihnachten. Im November spitzte sich die Sache zu einer Dreiecksbeziehung zu – mit schwerwiegenden Folgen.

In der Winterzeit bekam Sascha immer starke Depressionen und Einsamkeitsanfälle, dazu kam, dass Saschas Erkrankung soweit fortgeschritten war, dass er nachts heftige Hustenanfälle bekam und oft beinahe erstickt war.

In dieser Zeit bat Sascha, nach allem was er für Klim getan hatte, darum, dass Klim ihn nicht allein lassen möge. Doch Klim dachte nur an sich.

In dieser Zeit zeigte Madln ihr wahres Gesicht, die viele Probleme in Offenbach hatte, weil ihr Bruder ein großer Drogendealer in Offenbach war und die Frankfurter Staatsanwaltschaft auch gegen sie ermittelte.

Sie fing an, Klim zu manipulieren und verbot ihm weitere Treffen mit Sascha. Klim kam daraufhin immer heimlich zu Sascha.

Sascha fiel vom Glauben ab als Klim sagte:

„Madlin hat mir verboten weiter Kontakt mit dir zu haben, sie möchte das nicht"

Daraufhin sagte Sascha zu Klim ganz geschockt:

„Ist das dein Ernst? Wir kennen uns viel länger als du und Madln und dennoch lässt du dir von einer Frau vorschreiben, mit wem du dich treffen darfst. Dann weiß ich ja, wer die Hosen in eurer Beziehung anhat. Ganz schwache Nummer mein Bester"

So ließ Klim Sascha eiskalt fallen. Auch hatte Sascha Klims Mutter vor Weihnachten eine Freude gemacht und ihr einen neuen Fernseher gekauft. Klims Mutter freute sich riesig.

Am 11.12.2019 sahen sich Klim und Sascha zum letzten Mal in der Ferienwohnung der Lister Maile Hannover.

Sascha hatte für Klim noch ein Weihnachtsgeschenk bei Seimen gekauft. Es war eine Oligarchen kette aus Silber mit einem Armband für 500€.

Die brachte Sascha Klim an den Hals an. Klim und Sascha saßen im Wintergarten der Ferienwohnung und rauchten eine Zigarette.

Klim schaute Sascha strahlend an und sagte nur zu Sascha:

„Womit habe ich dich nur verdient, du bist so ein gutherziger Mensch, ich liebe dich."

Klim gab Sascha einen leidenschaftlichen Kuss. Klim und Sascha machten sich auf dem Sofa gemütlich und hatten das letzte Mal intensiven Sex.

Klim verabschiedete sich und fuhr nach Hause.
Zu diesem Zeitpunkt wusste Sascha nicht, dass es das letzte Mal sein würde, an dem sich die beiden sehen würden. Beim nächsten Mal würde Klim sich charakterlich bereits massiv verändert haben und Sascha würde Zeuge davon werden, welch Monster die Drogen aus Klim gemacht haben.

Am nächsten Tag blockierte Klim Sascha per WhatsApp, da Madln wieder in der Stadt war und sie nicht erfahren durfte, dass Klim sich über ihre Anweisung hinweggesetzt hatte.

Klim hatte nicht den Anstand, Sascha darum zu bitten, während dieser Zeit nicht per WhatsApp zu schreiben.

Ab diesen Zeitpunkt zeigte Klim sein wahres Gesicht und fing an, Sascha seelisch auf grausamste Art und Weise zu vergewaltigen.

SCHICKSALSMONATE EINER GEFALLENEN BRÜDERLICHEN FREUNDSCHAFT.

.

Die Drogen nahmen nun Klims Verstand in Besitz und machten ihn zu einem charakterlichen Monster.

Kurz vor Weihnachten kam es zwischen Klim und Sascha in der Wohnung bei Seimen in Hainholz zu einem Streit.

Sascha stellte Klim zur Rede, doch er betrachtete Sascha nur arrogant und überheblich und nannte ihn einen Assi.

Sascha fragte nur: **„Warum sagst du mir nicht, dass Madln da ist, ich hätte doch Rücksicht genommen. Ich gönne es dir, aber mich einfach zu blockieren ist nicht in Ordnung."**

Klim antwortete von oben herab: **„Das hat dich nicht zu interessieren, du Assi."**

Sascha wurde Sauer und Klim, als wäre er Saschas Vater, sagte nur: **„Setz dich hin."**

Daraufhin stand Sascha auf und schubste Klim, als dieser sich jedoch nicht prügeln wollte, fragte Sascha nur:

„Warum willst du dich nicht mit mir prügeln?"

Daraufhin sagte Klim zu Sascha: **„Ich schlage keine Behinderten."**

Sascha wurde sauer und riss Klim zu Boden, Seimen stand auf, um mich fest zu halten. Währenddessen biss Sascha zu, da er in die Ecke getrieben wurde und nicht schlagen konnte, weil er zu schwach war. Er biss Klim in den Hintern und hing an Klims Hintern wie ein Kannibale fest.

Daraufhin stürmte Sascha heulend und hilflos aus der Wohnung und schrie nur:

„Gut, ihr könnt mich dann mich auf dem Friedhof besuchen."

Zwei Tage vor Weihnachten nahm Sascha eine ganze Packung Antidepressiva mit Alkohol zu sich, um sich das Leben zu nehmen. Gottseidank kümmerte sich Seimen um Sascha und rettete ihm das Leben. Seimen nahm Sascha zu Weihnachten auf, damit Sascha am heiligen Fest nicht allein sein musste.

Auch wären dieser Zeit hatte Milan Sascha, der dauernd betrunken war und vorher nie Alkohol getrunken hatte beeinflusst und ausgenommen, um sich an Klim zu rächen. So begann Sascha viele Fehler, er rief zum Beispiel bei Klim zu Hause an und beleidigte die Mutter und Schwester. Er stelle Klim bloß.

Sascha bereut dieses Verhalten heute sehr.

Zu dieser Zeit ist Sascha bereits tagelang nicht mehr rausgegangen, er saß nur auf dem Sofa und war in Erinnerungen an die schöne Zeit mit Klim auf genau diesem Sofa. Er erinnerte sich an die schönen Momente und blickte traurig zurück.

Tagelang weigerte sich Sascha zu duschen, was höchst unnormal ist, da Sascha eigentlich jemand ist, der auf Hygiene großen Wert legte. Er wollte jedoch den Geruch von Klim nicht verlieren.

Das Umfeld wunderte sich, warum sich Sascha so verhält. Seimen hakte nach und behauptete, dass Klim ihm alles über Sascha und Klim erzählte hatte. Seimen hatte die Gabe, Leute immer dann auszuquetschen, wenn Sie unzurechnungsfähig waren, also grinste Sascha nur und erzählte alles.

Später sagte Seimen nur gehässig: **„Klim hatte nichts gesagt, er hatte nur einen Verdacht."** Und Sascha ist in die Falle getappt.

Genauso war es auch bei Milan, er konnte es nicht vertraulich behandeln und zog Klim damit auf.

So wandte sich Klim immer mehr von Sascha ab, eine Versöhnung war nicht greifbar.

Im Januar 2020 wollte Klim sich aussprechen, doch Madln machte Sascha einen Strich durch die Rechnung und manipulierte Klim und sagte: **„Wenn du mit Sascha Kontakt hast, dann verlasse ich dich."**

Klim befolgte die Anweisungen, weil Madln ihn täglich mit Drogen fütterte und Klim zum charakter- und gefühlslosen Monster machte.

Zu diesem Zeitpunkt war Saschas Krankheit und die schwere Depression bereits im Endstadium.

Klim versuchte, Sascha mundtot zu machen und erzählte bei Freunden und Familie Lügengeschichten über Sascha.

Alle sollten sich von ihm abwenden. Sascha hatte nie eine Chance, alles richtigzustellen, weil Klims Kartenhaus voller Intrigen und Lügen war. Insgeheim hoffte Klim, da er von Saschas Krankheiten wusste, dass dieser sich aus Einsamkeit das Leben nehmen würde.

Nach allem, was Sascha für Klim aus reinem Herzen und Liebe getan hatte, warf Klim diesen gnadenlos weg und setzte auf Madln.

Beide zusammen betrieben grausame seelische Vergewaltigungen an Sascha, als ob sie sadistischen Spaß dabei empfanden.

Worte und Taten hinterlassen meist Wunden im Menschen und kaum einer aus Umfeld weiß, wie Klim Sascha behandelt hat und was er diesem gutherzigen Menschen, der keinem etwas Böses wollte, in Wahrheit antat.

Auch erfuhr Sascha im Nachhinein, dass Klim Leute beauftragt hatte, die Sascha hätten überfallen sollten, denn Sascha hatte eine Menge Geld im Safe – er sollte zusammengeschlagen werden. All dies wurde geplant, während Kim noch bei Sascha lebte.

Sascha konnte nicht begreifen, was die Drogen aus Klim machten, dennoch – bis zum heutigen Tage –hält Sascha zu Klim, weil Sascha weiß, dass nicht Klim, sondern die Drogen Klims Charakter zu diesen abscheulichen Taten verleiteten.

Sascha sah in allen immer nur dass gute und wurde dennoch stets verraten, verkauft und ausgenutzt.

Dieses Buch soll allen zeigen, was wirklich vorgefallen ist und was Klim Sascha seelisch angetan hat. Es soll die Augen öffnen und Klim dazu bewegen, über seine moralischen Einstellungen nachzudenken und zu reflektieren. Denn der verdorbene Verstand redet Klim ein, er wäre fehlerfrei und Sascha ein Übeltäter, den es zu bestrafen gilt.

Klim sagte einmal zu Seimen, dass Sascha verrückt geworden ist und alles Leben zerstören will, doch in Wahrheit, davon war sogar Seimen überzeugt, hat Klim in diesen Moment ausschließlich über sich selbst gesprochen.

Warum Sascha alles über sich ergehen lassen hat und dennoch weiter zu Klim gehalten hat können viele nicht nachvollziehen.

Es gibt in unsere Gesellschaft viele, vielleicht zu viele, die ihre Zeit mit Verbitterung, Rachsucht und Streit vergeuden.

Kaum einer kann über seinen Schatten springen, geschweige denn zu seinen Problemen stehen, vieles läuft in unsere Gesellschaft sehr oberflächlich ab.

Klim war krank und Sascha wollte Klim vermitteln, dass nach allem, was er getan hatte, die Tür für Klim immer offenstand und er auch dann für Klim da ist, wenn er über seine Fehler nachdachte und sich helfen ließ.

Fast jeder hätte Klim bei diesem Verhalten fallen gelassen und wäre gnadenlos zum normalen Leben übergegangen.

Doch Sascha kann und konnte es nicht, er hatte die Überzeugung, dass jeder sich ändern konnte, auch Klim und er hält bis heute zu Klim. Denn wenn jemand einmal einen Platz in Klims Herzen gefunden hatte, kam es für Sascha und seine moralischen Prinzipien nicht in Frage, Klim einfach fallen zu lassen.

Denn auch wenn Sascha nicht mehr da ist, wird Klim sich irgendwann daran erinnern und sein Leben ändern.

Das machte Sascha so aus: er sah in allen nur das Gute und glaubte wie Mutter Teresa an das Gute im Menschen.

Es ist abzuwarten ob Klim diese Werte verinnerlicht und mit seinen 28 Jahren lernt, menschlicher mit seinem Umfeld umzugehen.

Das Karma wird Klim für das, was er Sascha angetan hat, sein ganzes Leben lang bestrafen. Es kommt hinzu, dass Zeit wohl das kostbarste Gut des Menschen ist und wenn zu lange gewartet wird, um Fehler wiedergutzumachen, ist die Chance verloren.

Sascha wird im Jahre 2020 einsam sterben, doch Klim wird er auf ewig lieben.

WARUM KOKAIN MENSCHEN ZU ARSCHLÖCHERN MACHT.

Kokain ist schon eine witzige Droge. Mir fällt jedenfalls keine andere Substanz ein—OK, von Alkohol vielleicht abgesehen—, die es schafft, aus einem relativ netten, normalen Menschen einen wandelnden Albtraum zu machen: "Nimm mal 'nen Schluck davon", ruft dir dein Kumpel zu und rammt dir die Flasche Billigwodka buchstäblich in den Hals. "Haha", lacht er laut. Er ist kaum wiederzuerkennen. Vier Nasen hat er mittlerweile intus. "Das wird ihn wahrscheinlich umbringen! Haha. Feierei. Sollen wir noch eine Line ziehen? Na kommt schon, noch eine Line! Habe ich euch eigentlich schon meiner Brettspielidee erzählt?"

Natürlich verwandeln sich nicht alle Kokain-Konsumenten in unausstehliche Geschöpfe. Viele können Kokain durchaus nehmen, ohne total egoistisch oder arrogant zu werden und jegliche Selbstwahrnehmungsfähigkeiten über Bord zu werfen. Aber einige schaffen es nicht und wegen genau dieser Menschen hält sich das Klischee der eingebildeten Koksnase auch so hartnäckig. Das Mädchen, das nicht aufhören kann, von ihrer Drehbuchidee zu erzählen; der Typ, der den Vibe im Raum (alle finden ihn scheiße) auch dann nicht lesen könnte, wenn man ihn in großen Lettern an die Wand geschrieben hätte.

Warum aber passiert das? Und warum sind davon einige Menschen betroffen, andere aber nicht?

"Kokain scheint Menschen dazu zu bringen, in sich zu gehen. Sie können entweder introvertiert oder sehr sozial werden, aber auch etwas dominant oder selbstbezogen",

"Eine große Sache bei Koks ist immer die Diskrepanz zwischen dem, wie du dich selbst fühlst, und wie andere dich wahrnehmen. Du hältst dich vielleicht für total witzig und unterhaltsam, während andere finden, dass du ein nerviger Vollidiot bist."

Stell dir den Kick vor, den ein junger Gitarrist bekommt, wenn er zum ersten Mal "Smells Like Teen Spirit" runterspielt. Er hat danach sofort das Verlangen, dieses Gefühl zu wiederholen, also macht er sich an "Heart Shaped Box". Das macht gute Laune. Er ist konzentriert. Die Welt sieht gleich ein bisschen interessanter aus. Koks kopiert dieses Gefühl — nur sehr viel lebendiger. "Es zielt auf dein Gehirn ab und mit jeder Line wird Dopamin ausgesschüttet. Das fühlt sich toll an", sagt David Belin. "Du fängst an, die Droge immer wieder zu wollen."

Das merkt man dann zwischen den Lines. "Kokain beeinflusst den präfrontalen Cortex [den Teil deines Gehirns, der dein Verhalten steuert und im Grunde auch deine Fähigkeit vernünftige Entscheidungen zu treffen]. Es verändert die Kontrolle über deine Hemmungen und deine Fähigkeit Entscheidungen zu treffen. Durch die Wirkung der Droge kannst du deine Impulse nicht mehr kontrollieren und vernünftige Entscheidungen treffen."

SCHLUSSWORT DES AUTORS SASCHA BOENISCH.

Heute im Jahre 2020 blicke ich auf ein bewegtes und vielfältiges Leben zurück. Ich ziehe in meinem privaten Freundeskreis bei Klim & Co. meine Kreise und das, was ich sehen muss, macht mich täglich müde und traurig. Gewisse Menschen wie Klim & Co. Vergeuden ihr Leben mit chillen und Drogen, träumen dabei von einem besseren Leben, verpassen jedoch die Chance, den nächsten Lebensabschnitt anzugehen.

Ich weiß, dass meine Tage gezählt sind und die letzten 6 Monaten grausam waren. Im Juni 2020 kam von Klim eine Nachricht, dass er sich Treffen möchte, um sich auszusprechen. Mich wunderte nur, dass Madln dabei den Mund gehalten hat, war sie es doch, die Klim manipulierte und zu dem machte, was er heute ist.

Die letzten 6 Monate schwächten meine Seele und mein Herz, jegliche Lebensfreude verlor ich, dennoch wurde mir bewusst, dass solange er mit Madln, die sich in Hannover vor der Polizei versteckt, eine Zukunft undenkbar ist.

Noch einmal so etwas Grausames zu erleben würde mich zum Negativen verändern. Außerdem ist mir bewusstgeworden, dass ich Klim derzeit nicht den Standard bieten kann, den er von mir gewöhnt ist. Dafür schäme ich mich, denn das bedeutet, dass Klim nie wieder zu mir zurückkommt.

Ich habe Klim am 11.12.2019 durch Madln für immer verloren, die Drogen durch Madln und ihre ständige Manipulation haben Klim innerlich und äußerlich soweit verändert, dass ich diesen Menschen nicht wiedererkenne. Ich erkenne den Mann, den ich geliebt, geachtet und respektiert habe, nicht mehr wieder. Es bricht mir das Herz. ☹

Heute hebe ich mein Glas voller Tränen und trinke auf dich, lieber Klim. Komm, gieß mein Glas noch einmal ein
Mit jenem bill'gen roten Wein. In dem ist jene Zeit noch wach. Heut' trink ich meinen Freunden nach. Bei diesem Glas denk' ich zurück an euch, mit denen ich ein Stück
auf meinem Weg gegangen bin. Mit diesem Glas trink' ich im Sinn nach Süden, Osten, West und Nord und find' Euch in Gedanken dort, wo immer ihr zu Hause seid. Seh' die Gesichter nach der Zeit in meinem Glas vorüberzieh'n verschwommene Fotografien, die sich wirr aneinanderreih'n. Und ein paar Namen fall'n mir ein. Und ein paar Namen fall'n mir ein.

Ich trinke auf dich mein lieber Klim und danke dir für die schönen Momente, die du mir gabst. Mit dem letzten Atemzug denke ich dann zurück und mache mit einem zufriedenen Lächeln für immer die Augen zu. In Liebe dein Sascha.

In Tiefer Dankbarkeit Ihr Autor Sascha Boenisch

Bitte Besucht mein Blog unter

www. bad-rock-blog.jimdofree.com